Jessie Griffith

Wesen und Gebrauch des Konjunktivs

Jessie Griffith

Wesen und Gebrauch des Konjunktivs

ISBN/EAN: 9783744647243

Hergestellt in Europa, USA, Kanada, Australien, Japan

Cover: Foto ©Paul-Georg Meister /pixelio.de

Weitere Bücher finden Sie auf **www.hansebooks.com**

University of Wisconsin Library

Manuscript Theses

Unpublished theses submitted for the Master's and
Doctor's degrees and deposited in the University of Wisconsin Library are open for inspection, but are to be used
only with due regard to the rights of the authors. Biblio-
graphical references may be noted, but passages may be copied
only with the permission of the authors, and proper credit
must be given in subsequent written or published work. Ex-
tensive copying or publication of the thesis in whole or in
part requires also the consent of the Dean of the Graduate
School of the University of Wisconsin.

This thesis by...................................
has been used by the following persons, whose signatures
attest their acceptance of the above restrictions.

A Library which borrows this thesis for use by its
patrons is expected to secure the signature of each user.

_____

_____

NAME AND ADDRESS   DATE

WESEN UND GEBRAUCH DES KONJUNKTIVS

by

Jessie Griffith

A thesis submitted for the degree of Master of Letters.

University of Wisconsin.

1896.

WESEN UND GEBRAUCH DES KONJUNKTIVS.

Der Modus,den man im Deutschen Konjunktiv nennt,entspricht
nach Form und Bedeutung dem Optativ der verwandten Sprachen.

Daher müssen wir seine Wurzeln in der Willensphäre suchen,ob=
gleich wir schon in den ältesten Denkmälern eine sekondär ent-
wickelte Funktion finden,die aus der Verstandesthätigkeit her=
vorkommt,und durch welche etwas Gesagtes als nur möglich vor=
gestellt ausgedrückt wird. Die Bezeichnung: Konjunktiv,die
durch den Einfluss der lateinischen Grammatik dem Modus ge=
geben wurde,ist nicht passend ,da der Gebrauch des Konjunktivs
nicht von der äussern Form abhängt. Der Modus ist nicht für
sich ein Zeichen der Abhängigkeit,sondern der Gebrauch wird
durch die Geltung,welche die Aussage jeden Satzes für sich
selbst haben soll,beeinflusst.

A. Gebrauch in Hauptsätzen.

Der Gebrauch des Konjunktivs in Hauptsätzen muss zuerst be=
trachtet werden,da alle Anwendungen desselben in Nebensätzen
wenigstens im Ursprung dadurch erklärt werden können. Der

sätzen zwei Funktionen:

1. etwas als gewünschtes,

2. etwas als möglich vorgestelltes auszudrücken. Diese

nennen wir den wünschenden Konjunktiv und den potentialen Kon-

junktiv. Ursprünglich ist anzunehmen,dass der Konjunktiv

Präsens beide für die Gegenwart ausdrücken konnte. Im althoch-

deutschen nämlich hatte er si die Bedeutung:

1. ich wünsche(man wünscht),dass er sei = er soll sein.

2. ich nehme an(man nimmt an),dass er sei = er mag sein

(kann sein).

Aber die potentiale Bedeutung des Konjunktivs Präsens ist in

alleinstehenden Sätzen schon im ahd nur noch spärlich belegt,

im mhd und im nhd gänzlich verschwunden. Um den Konjunktiv

Präsens,wie er in der neueren Sprache in selbständigen Sätzen

verwendet wird,zu verstehen,können wir uns daher auf die Seite

des alten Konjunktivs beschränken,die in nächster Verbindung

mit dem Willen steht.

I. Selbständige Sätze mit dem Konjunktiv Präsens.

Die selbständigen Sätze,die einen Konjunktiv Präsens

haben,enthalten alle eine Forderung,einen Ausdruck des Willens.

Wunderlich unterscheidet hier zwei Klassen:die eine drückt

eine zielbewusste Regung aus und wird von ihm mit dem Namen

Jussiv bezeichnet,die zweite drückt eine Empfindung aus und

prinzipiell;aber in der Entwicklung der Sprache haben sie eine
formelle Unterscheidung gewonnen,da der Konjunktiv Präsens
sich je mehr auf die Aufgabe,den Jussiv auszudrücken,beschränkt
hat,während der Konjunktiv Präteritum vielmehr irreale Be=
deutung gewonnen hat und sich dadurch eignet,unerfüllbar ge=
dachte Wünsche auszudrücken,eine Function,die die meisten
Grammatiker den Optativ nennen. Heyse=Lyon teilt die Haupt=
sätze,die einen Konjunktiv Präsens enthalten,in drei Klassen:

1. Konjunktivus Imperativus,

2. Konjunktivus Optativus,der,sagt er,mit dem Imperativus
   zusammenfällt.

3. Konjunktivus Konzessivus.

I. Konjunktivus Imperativus.

Der Konjunktiv Präsens wird gebraucht,wenn der Konjunktiv als
Umschreibung des Imperativs steht. Als Jussiv ist diese erste
Klasse zu betrachten. Der Imperativ hat eine Form nur für die
zweite Person,so bildet dieser Konjunktiv Präsens in der
dritten Person und in der ersten Person Pluralis einen Ersatz
für den Imperativ. Ja der Konjunktiv Präsens der dritten Per=
son Pluralis wird jetzt als wahrer Imperativ der Höflichkeits=
form betrachtet.

z.B. Gehen wir. Wer Ohren hat zu hören,der höre. Es gehe jeder

In der heutigen Sprache brauchen wir immer seltener die Formen mit einfachem Konjunktiv und benutzen die Umschreibung mit sollen. z.B. anstatt er komme,er soll kommen. Die einfache Form wird jedoch in den lautlich von dem Indikativ unter= schiedenen Formen und in Formeln,z.B. in denen mit man als Subjekt,auch noch gebraucht. z.B. Man binde ihn an die Linde dort. Das Hülfszeitswort sollen wurde schon in der Zeit Otfrids als Exponent des Jussivs gebraucht und bildet ein Beispiel von einer Tendenz der deutschen Sprache,die Umschreibungen durch Hülfszeitwörter anstatt der einfachen Konjunktivformen zu ge= brauchen.

Als eine Art Konjunktivus Imperativus können wir die Beispiele betrachten,aus denen Wilmann eine besondere Klasse bildet,die Sätze,die eine Annahme hinstellen,aus welcher Folgerungen gezogen werden sollen.

z.B. Die Figur sei ein gleichschenkeliges Dreieck.

Da dieser Satz eine Forderung ausdrückt,ist es nicht nötig, ihn von den andern Beispielen des Konjunktivus Imperativus zu unterscheiden.

2. Konjunktivus Optativus.

Die zweite Klasse,die Lyon gibt,ist der Konjunktivus Op= tativus. Er sagt: „Ebenso steht der Konjunktiv Präsens beim

lichung des Wunsches möglich denkt.

z.B. Gott schütze dich.

Dieser Optativ,'sagt er„fällt mit dem Konjunktivus Imperativus

zusammen.' Wunderlich aber will einen Unterschied machen und

sagt deshalb das Folgende:„Der Optativ ist recht eigentlich

die Grundstimmung des Konjunktivs der ersten Singularis(vgl.

Ich sei,gewährt mir die Bitte,in euerm Bunde der Dritte).

Trotzdem aber hat gerade die erste Person den Konjunktiv Prä=

sens für optative Verwendung ganz über Bord geworfen; sie um=

schreibt mit Hilfsverben,die aber mit Ausnahme von möge alle

in das Präteritum übergangen sind. (könnte ich,dürfte ich,

häufig auch möchte ich).'„Dagegen hat die dritte Person zahl=

reiche Verwendungen der einfachen Konjunktivsform des Präsens

gerade in optativer Färbung erhalten. (vgl. Da sei Gott für

&c). Meistens sind es stehende Formeln; freigebildete Optative

bedienen sich ebenfalls häufiger der Hilfsverba,wobei mögen

als optativer Exponent von dem jussiven sollen sich scharf ab=

hebt.' Hier sehen wir noch einmal die Umschreibung mit Hülfs=

zeitwörtern.

Hierher gehören die optativen Sätze mit dass,die nur

scheinbare Nebensätze sind. Daher ist der Gebrauch gerade wie

der des Konjunktivs in selbständigen Sätzen zu betrachten.

z.B. Dass dich Gott in Gnaden hüte.

3. Konjunktivus Konzessivus.

Der Konjunktiv Präsens steht in Sätzen,die ein Zugeständ-
nis ausdrücken.

z.B. Was er auch unternehme,alles glückt ihm. Er beteure seine
Unschuld,so sehr er will (wolle),wir glauben ihm nicht.

Der zweite Konjunktiv wolle ist als eine Assimilation des
Modus zu betrachten,die unter den Nebensätzen erklärt werden
wird. Dieser Konzessiv des Konjunktivs Präsens entspricht
einem Wennsatz mit Indikativ Präsens.

z.B. Der rasche Kampf verewigt einen Mann;er falle gleich
(= wenn er auch fällt) so preiset ihn das Lied.

Wunderlich will in diesem Konjunktivus Konzessivus
jussive Wurzeln finden,und Wilmann sagt: „Der Konjunktiv,der
für den Imperativ eintritt,drückt eine Forderung aus,der Konjunktiv in diesen Konzessivsätsen eine Herausforderung,in
welcher Weise oder bis zu welchem Grad sich auch die im Nebensatz ausgesprochene Vorstellung verwirklichen mag,so behält
doch die Aussage des Hauptsatzes ihre Geltung." Die Umschreibung mit mag und möge zeigt,dass der Unterschied zwischen
jussiven und optativen Verwendungen des Konjunktivs nicht
immer klar ist,da mögen ursprünglich optativ ist,indem der
Konjunktivus Konzessivus dem Ursprung nach jussiv ist.

II. Konjunktiv Präteritum in Hauptsätzen.

Erdmann stellt die Theorie auf,dass der Konjunktiv Prä=
teritum ursprünglich auch in selbständigen Sätzen beide
wünschende und potentiale Begriffe für die Vergangenheit aus=
drücken konnte.

z.B. Im ahd er wäri =

1. ich wünsche,dass er gewesen sei,
   auch man wünschte,dass er wäre.

2. ich nehme an,dass er gewesen sei,
   auch man nahm an,dass er wäre.

„In beiden Fällen wird das Sein gedacht als in der Vergangen=
heit einmal möglich gewesen." Aber weil es sich hier um ein
vergangenes Ereignis handelt,hat es sich schon ergeben können,
dass das Gegenteil wahr ist,so kann zunächst der Konjunktiv
Präteritum als Modus irrealis für die Vergangenheit betrachtet
werden. Er wäri - dann er sollte (konnte) sein,aber er war
nicht = er hätte sein können. Nach Erdmann dann ist die Ent=
wicklung des jetzigen Gebrauches so zu fassen. Der potentiale
Gebrauch des Konjunktivs Präsentis in selbständigen Sätzen ist
schon früh verloren gegangen. Der einfache Konjunktiv Präteri=
tum enthält seine Vergangenheitsbedeutung nur bis ins mhd hin=
ein,und schon in den ältesten Denkmälern wird der Konjunktiv
Präteritum auch ohne Vergangenheitsbedeutung gebraucht mit

keit,als es beim Konjunktiv Präsens der Fall ist. Daher kommt
es vor,dass der Konjunktiv Präteritum Modus irrealis für die
Gegenwart geworden ist,d.h. er drückt die Aussage als nicht
wirklich aus.

Behaghel dagegen behauptet folgendes:„Es gibt innerhalb
des Germanischen keinen selbständigen Potential des Präteritums;
denn eine Form,die,sobald sie sich überhaupt auf die Vergangen=
heit bezieht,eine Irrealität ausspricht,kann nicht so genannt
werden."„Der Konjunktiv Präteriti drückt lediglich die ab=
strakte Irrealität aus und kann sich deshalb auf Gegenwart ,
Zukunft und Vergangenheit beziehen."

Was Erdmann als entwickeltes betrachtet,sieht Behaghel
als ursprüngliches an,während er die Theorie einer ursprüng=
lichen Vergangenheitsbedeutung verwirft. Da er aber in der ab=
hängigen Rede Formen findet,in denen der Konjunktiv Präteritum
Vergangenheitsbedeutung hat,so muss er die Entwicklung einer
solchen Bedeutung innerhalb der abhängigen Rede annehmen,und
daher scheint seine Erklärung nicht so einfach wie die Erd=
manns zu sein.

Wie es sich aber um den ältesten Gebrauch handelt,ist es
zweifellos,dass im nhd in selbständigen Sätzen der Gebrauch
als Modus irrealis für die Gegenwart der allein übliche ist.
Gerade der Theorie Erdmanns gemäss lautet die Erklärung in

teriti als Konditionalis: „Die Form der Vergangenheit hat die

Sprache für den konditionalen Begriff gewählt durch ein rich=

tiges Gefühl geleitet von der Analogie des Modusbegriffes mit

dem der vergangenen Zeit. So wie nämlich das Vergangene nicht

mehr wirklich ist,so ist auch der Inhalt der konditionalen

Rede ein Nichtwirkliches. Die Präteritform drückt also den in

dem Konditionalis liegenden negativen Begriff aus. Das Nicht-

verwirklichsein des bloss hypothetisch Angenommenen wird als

ein Vergangenes aufgefasst."

Die folgenden sind die wichtigsten Anwendungen des Kon-

junktivs Präteriti in selbständigen Sätzen.

1. Konjunktivus Optativus

2. Konjuntiv in Konditionalsatzen

   a. Konditional=Konzessivsätze

3. Konjunktivus Potentialis.

1. Konjunktivus Optativus.

Der Konjunktiv Präteritum steht in Sätzen,in denen der

Redende einen Wunsch ausspricht,zugleich aber auch das Be=

wusstsein,dass der Wunsch nicht erfüllt sei. Es ist nicht not-

wendig,dass der Wunsch als unerfüllbar gedacht wird;aber der

Gegensatz zur Wirklichkeit ist stärker als beim Konjunktiv

Präsens.

Käme er doch

O,wärst du immer wahr gewesen.

Die umschreibende Form mit würde darf in Optativsätzen nicht

gebraucht werden. Nur scheinbare Ausnahmen zu dieser Regel

gibt Wilmann in Sätzen,in denen der Wunsch durch das Adverb

gerne ausgedrückt wird.

z.B. Ich würde ihn gerne wieder sehen (Ich sähe ihn gerne

wieder.)

Denn dieser Satz ist als ein bedingter zu betrachten,in dem

die Bedingung in dem Satzglied gerne enthalten ist.

Die Einkleidung in einem Dasssatz ist bei dem Optativ

sehr häufig.

z.B.Dass die Stifterin des Unheils doch gestorben wäre.

Diese Sätze können gerade als selbständige betrachtet werden.

Wenn man aber,wie Kiesel es thut,Hauptsätze hinzudenken will,

müssen deren Zeitwörter im Präteritum oder Plusquamperfectum

des Konjunktivs stehen. Ein solches Beispiel mit dem Hauptzeit-

wort ausgedrückt findet sich in dem Satz:„Ich wünschte,er käme

bald." Wilmann gibt ihn als Beispiel unter dem optativen Kon-

junktiv und sagt darüber:„Das Verbum wünschte nimmt den Modus

des abhängigen Satzes an." Der Ursprung dieses Gebrauches wird

unter dem Konjunktiv Potentialis weiter betrachtet werden;aber

ein Beispiel wie,„ich wünschte,recht gelehrt zu werden,"zeigt

dass der Konjunktiv im Hauptsatz ganz ohne unmittelbaren Ein=
fluss des Zeitwortes eines Dasssatzes vorkommen kann.

Noch eine Art Optativsätze lässt sich erwähnen,diejenigen,
die in·der Form eines Ausrufes mit fragendem Fürwort vorkommen.
z.B. Wer mit euch wanderte,mit euch schiffte.

Wie vorher gesagt,kann die Umschreibung mit würde als
Optativ nicht gebraucht werden;dagegen scheint die Form mit
möchte sehr häufig,besonders in der Umgangsprache. Merkwürdig
ist es,dass die Verba der Willensphäre nun ihr Dasein fast
ganz in der Form des Optativs führen,ein Gebrauch,der in Bezug
auf die Entwicklung des potentialen Konjunktivs wichtig ist.

2. Konjunktiv Präteritum in Konditionalsätzen.

Eine Art potentialen Konjunktivs findet sich in dem Ge=
brauch des Konjunktivs Präteriti in Konditionalsätzen,in denen
die Aussage des Hauptsatzes von einer Voraussetzung abhängt,
die selbst als nicht wirklich oder als nicht wahrscheinlich
angesehen wird. Der Grund zur Erwählung dieser Form liegt in
der Analogie des Modusbegriffes mit dem der vergangenen Zeit,
wie es in den oben gegebenen Worten von Heyse=Lyon's Grammatik
erklärt wird. Die einfachste Form dieses Konditionalis ist die,
in welcher die Bedingung in einem Wennsatz angegeben wird.
Dann stehen beide Zeitwörter im Konjunktiv Präteritum oder

Plusquamperfectum für die Vergangenheit. In dem bedingten

Hauptsatz darf die konditionale Form würde gebraucht werden,

nicht in dem bedingenden Nebensatz.

z.B. Wenn er stärker wäre,könnte er es thun (würde er es thun

können).

Sie hätten wohl noch mehr gesagt,wenn die Gegenwart des

Curato sie nicht im Respect gehalten hätte.

Auch: Sie würden wohl noch mehr gesagt haben.

Die Konjunktion kann auch wegfallen und dann erhielt der Neben-

satz die Wortstellung eines Hauptsatzes.

z.B. Es wäre wohl besser,ich verschlösse dieses Heft.

Wir ständ's um euch,zög' ich mein Heer zurück?

Oft hat die Bedingung nicht die Form eines Bedingungs-

satzes,sondern die eines andern Satzes,oder ist aus dem Zu-

sammenhang zu ergänzen.

z.B. Ohne dich vermöchte ich nichts.

Ohne dich = wenn du mir nicht beiständest.

Jeder,der in derselben Lage wäre,würde das auch thun.

Das thäte jeder.

Wegen der nahen Verbindung zwischen dem Begriff des Nichtwirk=

lichseins und der Vergangenheit kann auch in vereinzelten

Fällen der Konditionalis durch ein Präteritum im Indikativ aus=

gedrückt werden.

hindert. (hätte).

Weil über den Gebrauch von würde in dem bedingenden Nebensatz neulich so viel geschrieben wurde,so muss es betont werden,
dass würde in dem Nebensatz nur dann berechtigt ist,wenn es
zur Bildung eines Passivs gebraucht wird und daher kein Konditionalis ist,oder auch in dem allerdings seltenen Fall,wo
der bedingende Satz selbst ein Bedingter ist.

z.B. Wenn Charlestown genommen würde.

Ich wäre ohne zu bekennen getrost der Ewigkeit entgegen
gegangen,wenn nicht diejenige,die nach mir das Hauswesen
zu führen hat,sich nicht zu helfen wissen würde,[nämlich:
wenn ich nicht bekennte] und du dich immer darauf berufen
könntest,deine erste Frau sei damit ausgekommen.

Wenn die einfache Konjunktivform nicht kräftig genug ist,
kann man sich des Konjunktivs Präteriti der Hilfszeitwörter
sollen oder wollen bedienen. Dies ist ein Gebrauch,der von
Paul Heyse sehr beliebt ist.

z.B. Wenn sie früh sterben sollte,ich weiss wohl,u.s.w.

Sollten Sie also irgend eine Stütze bedürfen,so wenden
Sie sich an mich.

a. Konditionale Konzessivsätze.

Noch eine Klasse Sätze ist unter den Konditionalsätzen zu
betrachten,nämlich,Konditionale Konzessivsätze. Der Konjunktiv

wird,dass eine Aussage selbst dann gültig bleiben würde,wenn

eine nicht wirkliche Voraussetzung einträte."

z.B. Und wenn du mir goldene Berge gäbest,so würde ich es

nicht thun.

Auch der konzessive Vordersatz muss bisweilen ergänzt werden;

dann hat der konjunktivische Satz die Bedeutung einer unter

allen Bedingungen gültigen Aussage.

z.B. Ich hätte (doch) erwartet,dass er länger lebte.

Dass hätte ich nimmer geglaubt.

3. Potentialis.

Die Beispiele von Konditionalsätzen,in denen der bedingen-

de Nebensatz ergänzt werden muss,leiten uns zu einem Gebrauch

über,der schon sehr viel besprochen worden ist. Das ist der

sogenannte eigentliche Potentialis. Gegen die Richtigkeit

dieses Gebrauches lässt sich nichts sagen; aber die Wurzeln,

aus denen die verschiedenen Verwendungen herausgewachsen sind,

sind viel bestritten - Lyon sagt:"Die Präteritform steht in

solchen Sätzen,in denen eine Thatsache als eine bloss ver=

muthete hingestellt oder eine Behauptung mit bescheidenen

Zweifeln ausgesprochen wird."

z.B. Das wäre schon möglich.

Heyse - Lyon sagt:"In den meisten Fällen ist diese Ausdrucks=

Er gibt als Unterart des Potentialis den bestätigenden Kon=
junktiv.

z.B. Da sässen wir.

Über dieses Beispiel ist später noch mehr zu sagen. Wilmann
will auch in solchen Sätzen ein kondilionales Verhältnis annehmen,obgleich seine Einteilung nicht klar ist,weil er aus
den Beispielen,welche alle zu dem einen Gebrauch gehören,so
viele Klassen macht. Der Konjunktiv Präteritum der Hülfszeit=
wörter sollen,müssen und können,um zu zeigen,dass die Notwen=
digkeit,die Möglichkeit oder die Pflicht nicht erfüllt ist,und
der Konjunktiv Präteritum in den unpersönlichen Ausdrücken,
z.B. es wäre billig u.s.w.,können eben so gut unter den andern
potentialen Beispielen betrachtet werden.

Über die Beispiele,in denen die elliptische Bedingung
leicht zu ergänzen ist,brauchen wir nichts zu sagen;aber es
gibt Beispiele,die nicht so leicht erklärlich sind. Zuerst,ich
dächte,wüsste,wünschte,möchte u.s.w.,von denen Erdmann sagt:
„Besonders ausgebildet ist im nhd die abgeschwächte Verwendung
dieses potentialen Konjunktivs Präteriti in bescheidenen Aussage; bei manchen Verben ist sie ganz formelhaft geworden.'
Wie diese Formeln entstanden sind,wird im Ganzen von Wunder=
lich in seiner Umgangsprache am besten und am einfachsten erklärt. Die Wurzeln sind nach seiner Erklärung zuerst in einem

tische Hintergedanke ist in einigen Fällen ganz zurück gedrängt;
aber angedeutet ist es noch immer,so sehr auch die Umrisse zer=
fliessen. Und so kann man gerade unserm Konjunktiv in allen
den Fällen,in denen er ein sehnsüchtig erwartetes oder müh=
selig errungenes Ergebnis aus der Wirklichkeit in die blosse
Möglichkeit verschiebt,unter dem Gesichtspunkte der ellip=
tischen Reservation auffassen. Allerdings ist die elliptische
Natur dieses Konjunktivs heutzutage sehr verblasst. Die Form
selbst hat sich längst von ihrem eigentlichen Boden losgelöst
und ist zur Formel geworden. Die Beliebtheit dieser Form wird
dadurch noch gesteigert,dass ihr aus andern Wurzeln allerlei
ähnliche Gebrauchsweisen des Konjunktivs entgegen wachsen,die
samt und sonders in der Vorsicht und Scheu begründet sind,die
in der mündlichen Rede namentlich der niederen Klassen ob=
waltet." In diesem letzten Satz stimmt Wunderlich mit Hildebrand überein,der diesen Gebrauch den vorsichtigen Konjunktiv
nennt,und der darin die Tendenz sieht,Thatsachen in möglichst
wenig verantwortungsvoller Weise einzuführen. Wunderlich be-
merkt hierin die grosse Vorliebe,die man zum Konjunktiv Prä=
teritum hat,um den Ausdruck abzuschwächen,besonders in Verben
der Willensphäre. Ja,der Konjunktiv Präteritum dieser Verben
ist die unumgängliche Höflichkeitsform geworden. Diese doppelte
Entwicklung aus dem elliptischen Konditionalsatz und aus dem

ausdrücken ist genügend,den Gebrauch im Ganzen zu erklären;
aber es gibt noch einzelne Fälle,die sich am besten auf andere
Weise erklären lassen.

z.B. Da sássen wir-

    Wenn wir was hätten,da ässen wir.

In diesem Satz,der zugleich Freude und weitergehende Wünsche
von Wandernden,die einmal zur Ruhe kommen,ausdrückt,sehen wir
den Einfluss einer Bedingung,die sich nicht unmittelbar auf
die zu bestätigende Thatsache bezieht. Wir müssen hier eine
Assimilation des Modus anerkennen,wie auch in den Beispielen
von dem von Hildebrand triumphirenden genannten Ausrufe über
eine mühsam erkämpfte Thatsache. In diesem ist eine Assimila=
tion an einen vorhergehenden,wenn auch nicht lautgesprochenen
Optativ.

z.B. „Drei Ringe schwarz,die habt ihr eure Tage nicht geschos=
sen, Und so wär' ich für dies Jahr Meister.'
Hier ist der Konjunktiv Präteritum ein Nachklingen des vorher=
gehegten Wunsches:

„Wäre ich nur Meister.'

In jenem ist eine Assimilation an den Konjunktiv eines folgen=
den Bedingung=oder Optativ=satzes.

„Wer z.B. seine Kasse zählt,ruft wol befriedigt aus: Na,100 M.
hätte ich noch!' Und doch steht ein aber dahinter,das der

reichen?"

Noch ein Gebrauch des Konjunktivs Präteriti,der aber näher der ursprünglichen Bedeutung des Konjunktivs steht,findet sich in ungewissen Fragen,durch welche die Wirklichkeit des Gedachten bezweifelt wird.

z.B. ,Wann hätte Friedland unseres Rats bedurft?"

,Du wär'st so falsch gewesen?"

Hilfsverb ist auch hierfür nur ich sollte nicht ich würde.

B. Gebrauch in Nebensätzen.

Wie vorher gesagt wurde,ist jeder Gebrauch des Konjunk= tivs aus dem Gebrauch in selbständigen Sätzen zu erklären. Der Grund zu dem Gebrauch in Nebensätzen ist nicht die Thatsache, dass dieselben abhängig sind,sondern die Geltung,welche die Aussage für sich selbst haben soll. Die Wahl des Modus in Nebensätzen ist nicht so bestimmt wie in selbständigen Sätzen, und die Wahl der Zeitform,wenn der Konjunktiv gebraucht wird, hängt von der Färbung ab,die der Redende dem Gedanken geben will. Es gibt Fälle auch in Nebensätzen,in denen der Gebrauch bestimmt ist;in andern dagegen kann unter Umständen entweder Konjunktiv Präsens oder Präteritum vorkommen. Die Bedeutung der beiden Formen ist im Grunde dasselbe wie in Hauptsätzen; dh. der Konjunktiv Präteritum drückt das Nichtwirkliche viel

den Konjunktiv enthalten würden,wenn sie selbständig wären,ist
dieselbe Form zu behalten,obgleich sie in der Einkleidung eines
Nebensatzes erscheinen. Dies ist besonders in Relativsätzen zu
bemerken.

z.B. Unser König,den Gott erhalte! In diesem Satz ist der
Konjunktiv Präsens in optativem Gebrauch.Da ist der Kahn,der
mich hinüber träge. Konjunktiv Präteritum als Konditionalis.
In neuester Zeit namentlich in Prosa wird hier die Umschreibung mit würde viel gebraucht.

I. Indirekte Rede.

Aus zwei Gründen nehmen wir die indirekte Rede als erstes
Beispiel des Konjunktivs in Nebensätzen: erstens,weil man für
den jetzigen Gebrauch bestimmte Regeln geben kann; und zweitens,
weil die Betrachtung der Entwicklung derselben einen guten
Gesichtspunkt bildet,von dem aus wir die andern Gebräuche erklären können. Hier müssen wir sagen,dass wir den Ausdruck,
indirekte Rede,nicht im weitesten Sinne gebrauchen,wie Erdmann
sie versteht: „Indirekte Rede im weitesten Sinne nenne ich alle
Sätze,deren Inhalt der Sprechende (A) als Gegenstand der Kennt-
niss,der Vorstellung oder Rede einer andern Person (B) angibt.
Da man auch über seine eigenen Kenntnisse,Vorstellungen,Reden
berichten kann,so kann B mit A identisch sein." Vielmehr

betrachten,als einen Gebrauch,in dem eine Aussage oder Frage des Sprechenden selbst oder irgend einer andern Person nur dem Sinne nach überliefert und von einem Zeitwort des Mitteilens oder Fragens abhängig gemacht wird.

1. Eigentliche indirekte Rede.

In dem jetzigen Gebrauch übt die Zeitform des Hauptzeitworts keinen Einfluss auf die Zeitformen der indirektenRede. Alles hängt davon ab,in welcher Zeitform das Zeitwort in der indirekten Rede hervorgekommen ist. Auf früheren Stufen der Sprache war das Verhältnis ganz anders. Über die Entstehung der indirekten Rede brauchen wir hier nicht viel zu sagen. Aus einigen Worten Behaghels lässt es sich am besten und am einfachsten erklären: „Ich bleibe dabei,dass die einzige „organische" Entstehungsweise des Konjunktivs in der abhängigen Rede die aus seiner Verwendung im unabhängigen Satze ist. Wenn also neben ik weit,that ist ein wäniu,that si steht,so ist die Sache psychologisch so zu denken: es steht der Konjunktiv statt des Indikativs aus demselben Grunde,aus welchem statt weit gesagt wird wäniu; dh irgend ein Vorgang in der Aussenwelt erregt in der Seele des Betrachters nicht die Vorstellung von etwas Sicherem;er sagt nicht: „es ist so",und er sagt nicht „ich bin im Zustande der Gewissheit,sondern er sagt einerseits:

Zweifelns: ik wāniu. Es fāllt mir natürlich nicht ein, zu leug=
nen, dass es zahlreiche Fälle gibt, wo wir den Optativ[d.h. den
jetzigen Konjunktiv] des Nebensatzes nicht aus einer ursprüng=
lichen absolūten Geltung herleiten können. Hier bedarf es aber
nicht einer etwas mystischen Vermittelung, sondern wir haben
einfach anzuerkonnen, dass auch hier die Analogie gewirkt hat
und zwar je länger je nachdrücklicher, indem immer mehr und
mehr der Konjunktiv zum Zeichen der Unterordnung wurde."

In dem früheren Gebrauch der Zeitformen in indirekter
Rede kann man eine wahre consecutio temporum finden; dh. nach
einem Präsens des Hauptsatzes kommt ein Präsens oder Perfec=
tum der indirekten Rede vor, nach einem Präteritum des Haupt=
satzes kommt ein Präteritum oder Plusquamperfectum vor. Das
Präsens erscheint auch nach einem Präteritum, um den Inhalt der
Aussage für die Gegenwart zu übernehmen, und auch zuweilen um
die Zeitform der direkten Rede zu behalten. Behaghel gibt
zwei Gründe zu der Entstehung des jetzigen Gebrauches, in wel=
chem ein Präsens auch nach einem Präteritum stehen kann:

1. Der Gebrauch des Präsens historicum, das seiner Form nach
ein Präsens fordert, dagegen seiner Bedeutung nach ein Präteri=
tum.

2. Der Gebrauch des Perfectums nach einem gewissen Zeitpunkte
in gleicher Bedeutung wie das Präteritum, wieder ein Unter=

Aus diesen zwei Gründen herrscht eine Zeit lang eine wahre Ver-
wirrung,aus welcher die gegenwärtige Regelmässigkeit sich nur
allmählich und auch noch nicht vollkommen entwickelt hat. Das
Präsens hat noch mehr als zuvor die Aufgabe,der Aussage die
Zeitform zu wahren,in der sie gefallen war. Das Präteritum hat
immer mehr modale Funktion an sich gewonnen und hat sich des=
halb dazu geeignet,irreale Begriffe auszudrücken. Anderseits
aber hat sich der Konjunktiv Präsens seiner Form nach dem Indikativ Präsens genähert,so dass der Differenzierungstrieb auf
das Präteritum hinarbeitete,und es scheint auch bei gewissen
Verben,so den Hilfszeitverben,überhaupt eine Neigung zum Präteritum zu herrschen.

Trotz diesen Ausnahmen aber kann man für die eigentliche
indirekte Rede folgende Regeln geben:

a. Alle Sätze,welche in der direkten Rede im Indikativ stehen,kommen in den Konjunktiv. Der konjunktiv Präsens steht,um
eine mit dem Zeitwort des Hauptsatzes gleichzeitige Handlung
zu bezeichnen,der Konjunktiv Perfectum eine hervorgegangene.

b. Wenn jedoch das Präsens des Konjunktivs mit dem des Indikativs zusammenfällt,so setzt man auch hier das Präteritum.

c. Alle Sätze,die in der direkten Rede einen Konjunktiv Präteritum haben,behalten denselben in der indirekten.

Im allgemein gebraucht man die Präsensformen des Konjunk=

Präteritform in der Regel da,wo ausgedrückt werden soll,dass

das Gesagte nicht wirklich ist." Die Präteritformen dienen je=

doch dazu,das blosse Abhängigkeitsverhältnis zu bezeichnen,

wenn die Präsensformen mit denen des Indikativs zusammenfallen.

<u>d.</u> Imperativsätze werden in der indirekten Rede durch den Kon=

junktiv von mögen und sollen umschrieben.

<u>e.</u> Der Indikativ wird zuweilen in Nebensätzen beibehalten,die

den abhängigen Sätzen untergeordnet sind,besonders wenn sie

von allgemeiner Geltung sind.

z.B. Voll Staunen erzählt[oder erzählte] ein römischer Schrift=

steller,der im germanischen Lande gewesen war,von den Wohn=

sitzen der Chauken,wie die Meeresflut das Land dort weithin

überschwemme (Regel a),die Hütten der Menschen auf Erdhügeln

ständen (b),wo sie ihr Leben dahinbrächten (b) Seefahrern

gleich,wenn die Flut eintritt (e),und Schiffbrüchigen gleich,

wenn sie zurückweicht (e);wie diese Menschen sich nicht einmal

Vieh halten könnten (b),da weit umher kein Strauch gedeihe (a),

und sie sich deshalb von Fischen nährten (b),die sie in

schlechten Netzen aus Schilf und Sumpfgras geflochten ein=

fingen (b),während Regenwasser ihr einziges Getränk sei (a)."

„Aber wenn ich noch ein Zeugniss von mir selbst bedürfte,

dass ich nichts unweiblich Trotziges in meinem Charakter habe

(a),u.s.w." Hier ist zu bemerken,dass ein Präsens auch auf

„Er sagte,ich solle (d) zu ihm kommen." Direkte Rede =

„Komm' zu mir!"

Obgleich diese Regeln der inderekten Rede von den besten
Schriftstellern ziemlich streng gehalten werden,doch ist anzu-
erkennen,dass Analogie auch hier gewirkt hat. Die Formen,die
im Konjunktiv Präsens stehen sollten,kommen durch den Einfluss
anderer Präteritformen in den Konjunktiv Präteritum und auch ein
unerkennbarer Konjunktiv steht im Präsens,wenn mehrere erkennbare Formen daneben stehen. Besonders ist zu bemerken die
grosse Vorliebe,die die Hülfszeitwörter zu dem Konjunktiv Präteritum haben.

2. Abhängige Substantivsätze.

Wir kommen jetzt zu einem Gebrauch,welcher zu der inderekten Rede im weitesten Sinne gehört,welcher aber im Ver-
gleich mit der eigentlichen inderekten Rede eine grosse Mannig-
faltigkeit in der Wahl der Modus = und Zeit = formen zeigt.

Wilmann sagt:„Präsens = und Präteritformen wechseln unter
einander und mit dem Indikativ in abhängigen Substantivsätzen,
die eine Aussage oder Frage,eine Behauptung oder Vermutung,
eine Bitte oder Forderung ausdrücken. Diese Substantivsätze
sind in zwei Klassen zu teilen:

a. Nebensätze,welche Gegenstände von Ausdrücken des Mitteilens,
des Glaubens,des Fragens,u.s.w. sind.

oder des Fürchtens u.s.w. sind.

a. Nebensätze ,welche Gegenstände von Ausdrücken des Mittei=
lens u.s.w.sind.

Diese Nebensätze haben ihre Zeitwörter im Indikativ oder
im Konjunktiv, je nachdem die Aussage als Thatsache oder als
blosse Vorstellung gelten soll. Der Indikativ ist der Modus
der Wirklichkeit und dient dazu,um etwas objektiv darzustellen.
Der Konjunktiv ist der Modus der Möglichkeit und drückt die
Aussage als etwas subjektiv Aufgestelltes aus. Einige Verben
verlangen ihrer Bedeutung nach den Indikativ,z.B. wissen,glau-
ben,beweisen,u.s.w.;andere den Konjunktiv,z.B. erwähnen,sich
einbilden u.s.w.,während noch andere können in Beziehungen ge=
setzt werden,in denen sie zuweilen den einen zuweilen den an=
dern Modus verlangen. „Der Konjunktiv ist ausgeschlossen,wenn
der Zusammenhang zeigt,dass der Redende das,was er als Er=
klärung oder Meinung erwähnt,für seine Person als richtig an=
nimmt. Der Indikativ ist ausgeschlossen,wenn das Angeführte
von dem Redenden als unentschieden,als zweifelhaft,als irrig
behandelt wird." Matthias sagt: „Es muss betont werden,nicht
das regierende Verb bloss,sondern der ganz regierende Satz ent=
scheidet,welcher Modus gebraucht werden soll." Im allgemein
wird der Konjunktiv häufiger nach einem Präteritum als nach
einem Präsens gebraucht,und häufiger nach einem Präsens,wenn

z.B. Ich höre (er hört),dass jemand an der Thür ist.

Ich (er) sah,dass du ihm ein Zeichen gäbest.

Ich (er) hörte,dass jemand an der Thür wäre (sei).

Ich denke,dass es zu spät ist.

Er denkt,dass es zu spät sei.

Er fragte mich,ob ich nicht Hunger hätte.

Er sah mich an,ob es mir nicht doch vielleicht verdriesslich
sei.

Zuweilen in Sätzen,in denen man einen Indikativ erwartet,
kommt ein Konjunktiv vor und gibt dem Gedanken eine ganz an=
dere Färbung.

z.B. „Der Arzt glaubt,dass ich krank bin (oder sei)."
Im zweiten Falle glaube ich selbst,dass ich nicht krank bin.
„Karl warf mir vor,dass ich ihm unfreundlich begegnet sei."
Hier lehne ich durch den Konjunktiv den Vorwurf der Unfreund=
lichkeit ab; wenn ich den Indikativ gebrauche,leugne ich die
Schuld nicht. Im täglichen Gebrauch aber wird dieser Unter=
schied nicht streng gehalten. Wilmann sagt:„Der Indikativ be=
zeichnet also keineswegs mit Notwendigkeit,dass der Redende
sich die Aussage des Nebensatzes zu eigen gemacht habe und sie
als wirklich hinstelle..Es ist vielmehr in solchen Sätzen der
Ausdruck der Moduslosigkeit. Der Nebensatz wird als ein unter=
geordneter Teil des Satzes angesehen."

kann jemand sagen,

„Er glaubt es,dass ich krank bin,"

nur einer,der wirklich krank ist.

Das erste Beispiel ist zweideutig obgleich im Indikativ. Der Doppelsinn wird aufgehoben,sobald man „es" sagt und dadurch dem abhängigen Satze grössere Selbständigkeit sichert.

Von der Wahl der Zeitformen,wenn ein Konjunktiv gebraucht wird,sagt Wilmann:„Die Präsens - und Präterit - formen des Konjunktivs sind nicht so sorgfältig unterschieden,wie in der indirekten Rede. Der gewöhnliche Sprachgebrauch hat eine Neigung zu den Präteritformen nach einem Präteritum des Haupt= satzes; d.h.die alte consecutio temporum wird hier bewahrt. Kiesel zieht die Präsensformen vor,ausgenommen wenn diese sich von denen des Indikativs nicht unterscheiden und daher die Zu= rückhaltung nicht andeuten. Dann sollen die Präteritformen ge= braucht werden; sodann,wenn die Andeutung dieser Zurückhaltung durch den Konjunktiv Präsens selbst bei einem Unterschied der Modusformen nicht stark genug scheint." Das Präteritum hat hier irreale Begriffe,und wie Andresen sagt,dient die Zeitform zum Ausdruck für Unterschiede des Modus. Wie Wunderlich sagt, ist der Konjunktiv Präsens nicht länger stark genug um einen Zweifel über die Aussage eines andern auszudrücken. „Es ist heutzutage viel mehr ein Mittel geworden,um in der Seele eines

mit würde und werde nur als Futurum gebraucht werden kann.

b. Nebensätze,welche Gegenstände von Ausdrücken des Willens und Fürchtens u.s.w. sind.

Diese Nebensätze werden wie die vorhergehende Klasse behandelt mit der Ausnahme nur,dass sie die alte consecutio tem= porum sorgfältiger bewahren.

z.B. Er versprach,dass alles geschähe.

Sie bat,dass er ginge.

Sie bittet,dass er gehe.

So willst du,dass er (der Befehl) gleich vollzogen werde?

Wenn aber eine durch Hilfszeitwort umschriebene Form gebraucht wird,findet ein Schwanken statt.

z.B. Sie bat,dass er niemand etwas sagen möchte (oder möge, sollte,solle).

Auch hier kann man den Einfluss merken,den die Zeitform des Hauptsatzes auf den Modus übt. Oft finden wir den Indikativ nach einem Präsens,wo nach einem Präteritum der Konjunktiv verlangt wird.

z.B. „Ich hoffe,dass er kommt (kommen wird)‚ist der heutige Ge= brauch; aber nach einem Präteritum nur:‚Ich hoffte,er käme (kommen würde,werde).‘

Wenn die Willensäusserung durch das Zeitwort des Hauptsatzes nicht klar ausgedrückt wird,so ist es besser,man bediene sich

Die Ausdrücke,die Billigung bedeuten,sind hier zu be=
trachten. Darüber sagt Kiesel: „Bei den Wörtern,welche Billigung bedeuten,muss zwischen allgemeiner Anerkennung und zwischen Zustimmung im Einzelfall unterschieden werden. Letzere
schliesst den Konjunktiv aus."

z.B. Es ist angemessen,dass er die .abe zurückweise.

Es ist gut,dass er das Vorhaben verhindert hat.

Heyse - Lyon gibt folgende Beispiele.

Es ist nicht gut,allein zu sein.(oder dass man allein sei.)

Es ist Pflicht,dem Notleidenden zu helfen. (oder dass

man helfe.)

Dagegen wollen Wunderlich und Matthias hier der heutigen Tendenz,den Indikativ auf Kosten des Konjunktivs zu verbreiten,
Genüge thun.

z.B. Es ist höchste.Zeit,dass er anfängt.

II. Einzelne Gebräuche.

1. Absichtssätze.

Mit den Substantivsätzen,die einen Gegenstand des Willens
bilden,kommen noch andereKlassen Absichtssätze in nächster
Verbindung vor. Dem Gebrauch der Modus = und Zeit - formen
nach sind die adjektiven und adverbialen Absichtssätze gerade
wie die Substantiven behandelt. Ein Konjunktiv Präteritum

sens auf ein Präsens. Auf der Präsensstufe ist der Indikativ
in vereinzelten Fällen zu finden. Adverbiale Absichtssätze mit
damit erlauben dennoch den Indikativ nur,um die Thatsächlich=
keit des Satzinhalts stark hervorzuheben.

z.B. Eilt heim mit sorgender Seele,damit er die Frist nicht
verfehle.

Ich band den Baum auf,damit er gerade wachse.

Schickt einen sichern Boten ihm entgegen,der auf ge=
heimen Weg ihn zu mir führe.

Indikativ. Drum liebt dich der Tyran,damit er jemand hat,dem
er befehlen kann.

a. Temporalsätze nach ehe und bis.

Von diesen sagt Erdmann folgendes: Nach der temporalen
Konjuntion bis ist ein finaler Konjunktiv denkbar,wenn die
Fortdauer der Haupthandlung bis zu einem bevorstehenden Zeit=
punkte beabsichtigt wird. Dies ist uns für den Konjunktiv Prä=
teritum noch verständlich und geläufig,für den Konjunktiv Prä=
sens nicht mehr.

z.B. Sie wollten ausharren,bis der Entsatz käme (kam würde die
Ankunft als thatsächlich angeben); aber wir wollen ausharren,
bis der Entsatz kommt (auch beim Indikativ ist die Auffassung
einer schon eingetretenen Ankunft ausgeschlossen.)" Wunderlich
sagt aber von diesem Beispiel,dass der Konjunktiv hier der

er allein zu stehen. Denn alle andern geben diese Wörter als
ein Beispiel der Ausdrücke,deren Modus durch die Zeitform des
Hauptsaztes beeinflusst wird: d.h. der Konjunktiv ist häufiger
nach einem Präteritum als nach einem Präsens.

2. Nebensätze nach vereinten Sätzen.

Ein Gebrauch des Konjunktivs,welcher mit dem in selbständigen
Sätzen nahe verwandt ist,kommt in den Nebensätzen vor,deren
Aussage dadurch nicht wirklich ist,dass sie zur nähern Be-
stimmung eines negativen oder fragenden Satzgliedes dienen.
Gewöhnlich steht hier der Konjunktiv Präteritum; der Präsens
nur dann,wenn der Nebensatz eine Absicht bezeichnet. „Die
gleiche Wirkung wie verneinte Sätze hat auch eine Angabe des
höheren oder zu hohen Grades,auf den ein Satz mit als dass
folgt,wie auch bei ohne dass die in ohne liegende Verneinung."

z.B. Ich kenne keinen Menschen,der fleissiger wäre.

Niemand ist so gut,dass er ohne Sünde bliebe.

Es stösst kein Nachen vom sichern Strand,der ihn setze
an das gewünschte Land.

Die Materialien sind wohlgeordnet,ohne dass darum ihre
Ursprünglichkeit litte.

Nur zu beschäftigt finde ich ihn,als dass er Zeit hätte
u.s.w.

die nicht auch noch glauben könnten.

3. Nebensätze mit als ob oder als.

Eine nicht wirkliche Aussage bezeichnet auch der Konjunktiv in Nebensätzen mit als ob oder als. Früher war das Präteritum hier der allein übliche Gebrauch; aber bei jüngeren Schrift= stellern wird das Präsens in gleicher Bedeutung gebraucht.

z.B. Ich that, als ob ich schliefe.

Sie sah vorher nach allen Seiten um, als erwarte sie, dass sich noch andere Gesellschaft einfinden würde.

Er sieht aus, als wenn er in der völligen Überzeugung lebe, er sei Herr.

4. Konzessive Nebensätze.

Der Gebrauch des Konjunktivs Präsentis in selbständigen Sätzen ist schon besprochen worden. Hier braucht nur gesagt zu werden, dass ein Konzessivsatz oft in der Einkleidung einer indirekten Frage erscheinen kann.

z.B. Der Berg sei gross oder klein; wo auch der Berg liege, wie er auch heisse - ich ersteige ihn.

5. Es sei denn, dass.

Hier haben wir einen Gebrauch des Konjunktivs, den Erdmann

will ihn als Jussiv ansehen,während Erdmann ihn als Rest der

verneinten Bedingungssätze ohne Konjunktionen betrachtet und

sagt: „Von den excipierenden Konjunktivsätzen,wie zahlreich sie

auch im ahd und noch mehr im mhd waren,sind jetzt nur kümmer=

liche und kaum erkennbare Reste vorhanden. Es kann nämlich im

ahd an einen allgemein bejahenden oder verneinenden Hauptsatz

ein Konjunktivsatz mit der im ahd noch genügenden Negation ne,

ni angefügt werden,der einen Fall als rein angenommenen aus-

spricht,bei dessen Eintreten die Aussage des Hauptsatzes nicht

gelten würde." Im nhd ist der einzige Rest dieses Gebrauches

in der Formel es sei denn,dass und in ähnlichen Anwendungen zu

finden,worin aber das ne,ni verloren gangen ist.

Wunderlich will dagegen in diesem Gebrauch einen Rest des

Jussivs als subjunktiven Modus sehen. Den Grund dazu findet er

in der täglichen Redeweise,die das Hülfszeitwort müssen in

einem Falle gebraucht.

z.B. Niemand wird gekrönet,er kämpfe denn recht.

An der Börse laufen keine Narren herum,es müsste denn

ein Laie sein.

Zuweilen auch der Indikativ: Es soll keiner fliegen,die Federn

sind ihm denn gewachsen.

6. Angleichung.

zu erklären ist,dass er einem Konjunktivsatz untergeordnet ist.

z.B. Es koste,was es wolle.

Wenn du wüsstest,wie lieb ich dich hätte.

Es steht mit diesem Gebrauch in nächster Verbindung ein älterer, der den Konjunktiv auch nach einem Imperativ verlangte,nach welchem im nhd der Konjunktiv auf den Fall beschränkt ist,dass das Eintreten des Nebenumstandes mit zum Inhalt des Befehles gehört. Und dann kann der Nebensatz als Absichtssatz betrachtet werden.

Der jetzige Gebrauch des Indikativs nach einem Imperativ ist nur ein einziges Beispiel einer Tendenz,welche wir schon erwähnt haben,den Indikativ auf Kosten des Konjunktivs zu verbreiten. Eine Tendenz,welche jeder vermeiden sollte,der seine Gedanken in möglichst genauer Weise ausdrücken will.

Quellen.

Otto Lyon:-Handbuch der deutschen Sprache.

Heyse - Lyon:-Deutsche Grammatik.

Andresen:-Sprachgebrauch und Sprachrichtigkeit im Deutschen.

Kiesel:-Deutsche Stilistik.

Jütting:-Die deutsche Sprache.

Bauer:-Grundzüge der nhd Grammatik.

Wilmann:-Deutsche Schulgrammatik.

Behaghel:-Über die Entstehung der abhängigen Rede und der
Ausbildung der Zeitfolge im nhd.

Wunderlich:-Der deutsche Satzbau.

Wunderlich:-Unsere Umgangsprache in der Eigenart ihrer Satz-
fügung.

Hildebrand:-Aufsätze und Vorträge.-Der vorsichtige Konjunktiv.

Matthias:-Sprachleben und Sprachschäden.

Zeitschrift für den deutschen Unterricht,IV.s.158.--   Zum
deutschen Konditionalis.

Z.f.d.d.U.IV.s.433. Ein Versuch zur Erklärung des bestätigenden
Konjunktivs.

Z.f.d.d.U.VI.s.44. Über die Konjunktiv - Umschreibung mit würde.

Z.f.d.d.U.VI.s.57. Der Missbrauch des Konditionalis.

Z.f.d.d.U.VII.s.788. Zum Konjunktiv zur Bezeichnung der Wirklichkeit.